- 2

Connais-tu

Marco Polo

Connais-tu ?

Marco Polo

Textes : Johanne Ménard
Illustrations et bulles : Pierre Berthiaume

ÉDITIONS
MICHEL
QUINTIN

Catalogage avant publication de Bibliothèque et Archives nationales du Québec et Bibliothèque et Archives Canada

Ménard, Johanne, 1955-

Marco Polo

(Connais-tu? ; 3)

Pour les jeunes de 8 ans et plus.

ISBN 978-2-89435-444-5

1. Polo, Marco, 1254-1323? - Ouvrages pour la jeunesse. 2. Explorateurs - Italie - Biographies - Ouvrages pour la jeunesse. I. Berthiaume, Pierre, 1956- II. Titre. III. Collection: Connais-tu? ; 3.

G370.P52M46 2010   j910.92   C2010-940291-X

Révision linguistique : Paul Lafrance
Conception graphique (couverture) : Céline Forget
Infographie : Marie-Ève Boisvert

Le Conseil des Arts du Canada
The Canada Council for the Arts

SODEC
Québec

Patrimoine canadien   Canadian Heritage

La publication de cet ouvrage a été réalisée grâce au soutien financier du Conseil des Arts du Canada et de la SODEC.

De plus, les Éditions Michel Quintin bénéficient de l'aide financière du gouvernement du Canada par l'entremise du Programme d'aide au développement de l'industrie de l'édition (PADIÉ) pour leurs activités d'édition.

Gouvernement du Québec – Programme de crédit d'impôt pour l'édition de livres – Gestion SODEC

ISBN 978-2-89435-444-5
Dépôt légal - Bibliothèque et Archives nationales du Québec, 2010
Bibliothèque et Archives Canada, 2010

© Copyright 2010

Éditions Michel Quintin
C.P. 340, Waterloo (Québec)
Canada J0E 2N0
Tél.:   450 539-3774
Téléc.: 450 539-4905
editionsmichelquintin.ca

1 0 - M L - 1

Imprimé au Canada

Il ne retournera jamais dans les contrées lointaines
qui l'ont tant fasciné.

Ses voyages, relatés dans son fameux *Livre des merveilles*, allaient devenir une inspiration pour des générations d'explorateurs (dont Christophe Colomb) et de voyageurs curieux de découvrir des peuples différents et de s'ouvrir au monde.

100%

Dans sa Venise natale, célèbre pour ses canaux,
Marco Polo grandit en rêvant à des pays lointains.

Il apprend à lire et à écrire en attendant le retour de son père Niccolo et de son oncle Matteo, partis faire fortune en Chine.

Le premier voyage au bout du monde des deux marchands aura duré 9 ans. C'est donc un jeune

homme de 15 ans, débordant d'énergie, qu'ils retrouvent à leur retour en 1269.

Niccolo et Matteo reprennent la route deux ans plus tard, mais cette fois Marco est du voyage!

Les intrépides complices veulent retourner auprès de Kubilaï Khan, grand empereur mongol qui règne sur la Chine.

Pendant leur périple de quatre ans pour arriver à destination, les aventuriers surmontent toutes sortes d'épreuves. Ils passent des jours sans eau dans les déserts et des nuits glaciales sur le sommet des montagnes. Ils essuient des tempêtes et doivent affronter des brigands.

Durant tout le voyage, Marco ouvre grand ses yeux et ses oreilles. Il découvre que chaque peuple a

14

ses coutumes et ses croyances, une façon de vivre souvent très différente de celle de son propre pays.

Pendant la traversée du désert de Gobi, dernière grande étape avant l'arrivée à destination, Marco,

épuisé, est victime d'hallucinations et est attiré par des mirages.

L'empereur Kubilaï Khan a été informé de l'arrivée prochaine en Chine de la caravane des marchands.

Il envoie à leur rencontre des messagers qui chevauchent pendant quarante jours pour faire l'aller-retour.

Kubilaï Khan se réjouit de retrouver le père et l'oncle de Marco, qu'il avait chargés d'un message pour

le pape lors de leur premier séjour. Il est heureux des
cadeaux offerts par le chef des catholiques.

Intéressé aux autres cultures, l'empereur avait demandé la venue de cent savants pour un échange de savoir. Mais, pris de peur devant les dangers

de la route, les deux seuls missionnaires envoyés par
le pape ont rebroussé chemin dès le début du voyage!

Marco plaît tout de suite à l'empereur.

Il deviendra son enquêteur privé et son ambassadeur pendant près de vingt ans.

Maître d'un empire gigantesque, Kubilaï Khan règne sur plusieurs pays dont la Chine, qui compte des centaines de millions d'habitants.

Il a besoin d'observateurs à l'esprit vif pour lui rapporter ce qui se passe aux quatre coins du royaume.

Marco est curieux de tout et sait raconter les
événements comme si on y était. Il s'intéresse
aux choses étranges ou différentes de ce

qu'il connaît. Il essaie de les décrire comme il les a vues, sans trop porter de jugement.

Marco est frappé par les rues pavées en lignes droites et les jardins bordés de haies des grandes villes chinoises qu'il visite. Quel contraste avec

les petites rues en terre, tortueuses et sales, des villes d'Europe!

La cité céleste Quinsai est pour lui la plus fascinante.
Comme à Venise, un système de canaux permet

aux bateaux de circuler. Mais ici, la ville compte
12 000 ponts et le tout dégage ordre et harmonie.

Des marchés publics regorgeant de victuailles,
d'épices rares et de soieries, des habitants qui ont

l'air heureux et en santé, des temples et des maisons splendides : pour Marco, c'est le paradis.

Et puis ici, ça ne pue pas comme chez lui! Les
ordures et les excréments ne restent pas dans

les rues, mais sont évacués par un système d'égouts ou ramassés par des éboueurs.

La civilisation chinoise est très ancienne. Marco se rend compte que plusieurs coutumes sont beaucoup plus raffinées que chez lui. On trouve par exemple

des bains publics un peu partout, alors qu'en Europe,
l'hygiène laisse encore à désirer...

Sais-tu que les Chinois ont imaginé plusieurs inventions utiles bien avant les Européens? Par exemple, la boussole, la poudre à canon,

les feux d'artifice, l'horloge mécanique, le papier et l'imprimerie.

Marco Polo trouve particulièrement brillante l'idée d'utiliser du papier-monnaie au lieu des grosses pièces d'or, lourdes à transporter et faciles à voler.

Les rectangles de papier portent le sceau du Grand Khan, et ceux qui fabriquent des faux billets sont condamnés à mort.

Le service postal chinois fait aussi l'admiration
de Marco. Tout un système de relais avec des
messagers à cheval ou à pied permet à Kubilaï Khan

d'être mis au courant rapidement de ce qui se passe
partout dans son empire.

Cependant l'empereur vieillit, et les Polo ont peur de ne plus être protégés après sa mort. Au bout de 17 ans, il est temps de rentrer à Venise.

Mais chaque fois qu'ils demandent à partir, Kubilaï exige qu'ils restent.

Puis, une occasion se présente à eux : l'empereur
leur confie la mission d'accompagner la princesse

royale qu'il a choisie comme nouvelle épouse pour
son neveu, le gouverneur de la Perse.

Comme la Perse est sur le chemin du retour vers
l'Europe, les trois Vénitiens serviront de guides à
l'expédition, qui cette fois empruntera la voie

des eaux. Quatorze bateaux et des centaines de
marins se mettent en branle.

En chemin, Marco a l'occasion d'accumuler d'autres souvenirs extraordinaires dans les pays où s'arrête la flottille : le Viêtnam, Sumatra, le Sri Lanka et surtout

l'Inde, avec ses vaches sacrées et ses bûchers pour
les morts, frappent son imagination.

En arrivant en Perse, mauvaise nouvelle : le futur marié est décédé.

Qu'à cela ne tienne, la princesse épousera le fils du défunt, le nouveau maître !

Puis, après 24 ans à l'étranger, les grands voyageurs débarquent à Venise. Parents et amis ont d'abord du mal à les reconnaître, vêtus de leurs habits mongols

et avec leur nouvel accent. Mais la vie reprend bientôt son cours normal pour les trois marchands.

Deux ans plus tard, Marco est fait prisonnier au cours d'une bataille entre sa ville natale et une cité rivale. Dans sa cellule, il dicte son fabuleux récit de

voyage à Rustichello, son compagnon de geôle et
auteur de romans de chevalerie.

Quand la guerre prend fin, Marco est âgé de 45 ans.
Il se marie et a trois filles.